Luis Walter Álvarez

por Tina Randall

Chicago, Illinois

Printed and bound in China by South China Printing Company.
07 06
10 9 8 7 6 5 4 3 2 1

Library of Congress Cataloging-in-Publication Data:
Cataloging-in-Publication data is on file at the Library of Congress.

Acknowledgments
The publisher would like to thank the following for permission to reproduce photographs:
p.4, KPA/Zuma Press; pp. 7, 15, 16, 19, 28, 29, 36 Corbis/Bettman; pp.8, 20, 23, 40, 43, 44, 46, 53, 57, 59 Ernest Orlando Lawrence Berkeley National Laboratory; p.13 Lonely Planet Images/Raymond Hillstrom; p.24 Corbis/Hulton-Deutsch Collection; p.39 AP Wide World Photo/Stanley Troutman; p.48 Newscom/Zuma Photos; p.55 Corbis/Roger Ressmeyer.

Cover photograph: Ernest Orlando Lawrence Berkeley National Laboratory

Every effort has been made to contact copyright holders of any material reproduced in this book. Any omissions will be rectified in subsequent printings if notice is given to the publisher.

Algunas palabras aparecen en negrita, **así**. Encontrarás su significado en el glosario.

Contenido

Luis Walter Álvarez fue un importante físico del siglo XX.

Introducción

Luis Walter Álvarez fue un científico famoso que hizo grandes descubrimientos en el campo de la **física**. Estudió los **átomos**, que son los componentes básicos de todo lo que existe en nuestro planeta. Por su trabajo, recibió el **Premio Nobel** en 1968. Le dieron este importante premio por descubrir mejores maneras de identificar las partes pequeñísimas que forman los átomos; estas pequeñas partes se llaman partículas subatómicas. Inventó máquinas que se usan para estudiar los átomos y las partículas que los componen. ¿Te imaginas? Durante mucho tiempo, se creyó que los átomos eran las cosas más pequeñas del universo. Álvarez no sólo estudió los átomos, ¡también descubrió maneras de estudiar las partículas aun más pequeñas que los forman!

A Luis Álvarez le interesaban muchas cosas distintas. Su curiosidad e intereses iban desde el mundo de las partículas invisibles hasta la luz de las estrellas y la astronomía, y cómo se relacionan esas cosas con la vida en la Tierra. Uno de sus pasatiempos preferidos era investigar por qué se extinguieron los dinosaurios. Llegó a hacer expediciones arqueológicas con su hijo para aprender más acerca del tema.

Álvarez realizó la mayoría de sus trabajos sobre física en la Universidad de California, en Berkeley, y en el Laboratorio de Radiación Lawrence. Pero durante la Segunda Guerra Mundial, el gobierno de Estados Unidos necesitó su ayuda, así que Álvarez se fue a trabajar al Instituto Tecnológico de Massachusetts (conocido como MIT). Más tarde, se unió al equipo que desarrolló la **bomba atómica**. Álvarez estuvo presente cuando se lanzaron las dos bombas atómicas sobre Japón, al final de la Segunda Guerra Mundial. Pudo ver de manera directa el efecto de las **armas nucleares** y se dio cuenta de que cambiarían el mundo para siempre.

Aunque a Álvarez le preocupaba el poder de destrucción de la bomba atómica, también estaba convencido de que adelantó el final de la guerra y que, de este modo, salvó vidas. Después de haber visto caer la bomba en Japón, le escribió una carta a su hijo Walter, quien era sólo un niño en ese entonces. En esa carta, Álvarez le cuenta que, a pesar de que está triste por haber colaborado en la creación de algo tan destructivo como la bomba atómica, también tiene esperanzas de que esto una a los países del mundo y evite que haya más guerras en el futuro.

También dijo: "Alfred Nobel (el hombre que dio su dinero para premiar a las personas que han hecho cosas muy importantes por las ciencias, la literatura y la paz) creía que su invento, los explosivos de alta potencia,… [haría] las guerras demasiado terribles, pero lamentablemente, la reacción fue la opuesta. Nuestra nueva fuerza destructiva es tantas miles de veces peor que es posible que haga realidad el sueño de Nobel".

Esta fotografía muestra al Enola Gay, *el avión que dejó caer la bomba atómica sobre Hiroshima, Japón. Álvarez volaba en otro avión detrás del* Enola Gay *y fue testigo directo de la destrucción causada por la bomba atómica.*

Algunos creen que la creación de la bomba atómica fue negativa para las ciencias y los descubrimientos científicos futuros. Sin embargo, Álvarez siempre se interesó mucho por aprender acerca de nuestro mundo y logró muchas cosas. Sus inventos y descubrimientos nos inspiran a todos y nos recuerdan que siempre debemos hacernos preguntas sobre las ciencias y el futuro.

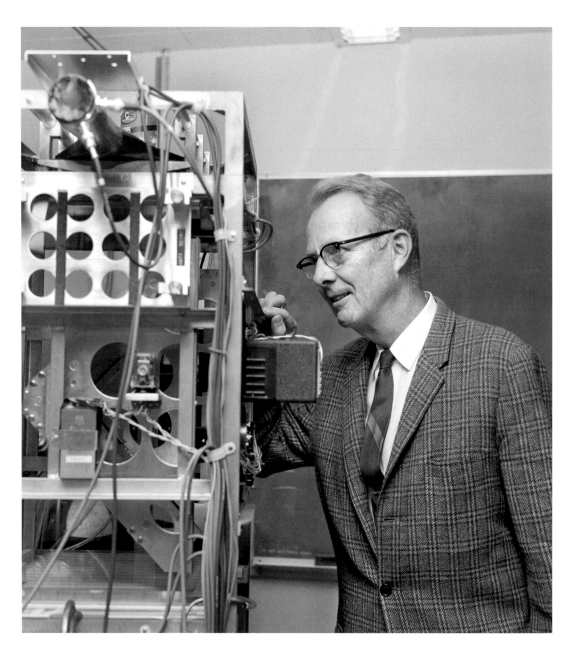

Ésta es una fotografía de Álvarez en su laboratorio de Berkeley, California, en 1966.

Capítulo 1:
Una familia dedicada al conocimiento y al servicio

Luis Walter Álvarez nació el 13 de junio de 1911. Su familia siempre estuvo interesada en aprender. Esto motivó a Luis, desde que era muy pequeño, a tratar de entender mejor el mundo.

La familia de Luis tenía un origen cultural **diverso**, con raíces tanto hispánicas como irlandesas. Su abuelo paterno era español. Primero emigró a Cuba y luego a Estados Unidos, donde se estableció en California y tuvo gran éxito en el negocio de las bienes raíces. Más tarde, estudió medicina, y después, se mudó con su familia a Hawai, donde trabajó como médico.

Por parte de su mamá, los familiares de Luis eran de Irlanda, pero emigraron a Foochow, en China, donde fundaron una escuela misionera. La madre de Luis estudió en esa escuela. Luego se mudó a California, donde terminó la preparatoria y luego fue a la universidad, en Berkeley.

Los padres de Luis, Walter y Harriet, se conocieron mientras estudiaban en la universidad de Berkeley. Gracias a la pasión de ambos por aprender cosas nuevas, para Álvarez también fue fácil amar el conocimiento. Para él, este amor por el conocimiento se convirtió en una aventura que duró toda su vida.

El padre de Luis, Walter C. Álvarez, era médico y tenía su propio consultorio. También era **investigador** médico. Un investigador es una persona que estudia y hace experimentos para aprender cosas nuevas acerca de un tema en particular. Para la madre de Luis, Harriet, aprender también era muy importante. Harriet era maestra de escuela primaria y le enseñó a Luis en la casa hasta que él llegó a tercer grado. De pequeño, Luis no tenía muy buena salud, así que no podía ir a la escuela como la mayoría de los niños.

Los padres de Luis querían aprender y usar sus conocimientos para ayudar a quienes los rodeaban. Esto influyó mucho en todos los hijos de la familia Álvarez. Luis tenía una hermana mayor llamada Gladys, un hermano menor llamado Bob y una hermana menor llamada Bernice. Walter y Harriet eran un ejemplo para sus hijos y siempre los alentaban para que siguieran sus sueños.

Cuando Álvarez era niño y adolescente en California, su padre fomentó sus primeros intereses por las ciencias y la tecnología. A los diez años, Luis ya sabía usar las herramientas mecánicas del taller de su padre y también tenía conocimientos básicos de electricidad. Cuando tenía tan solo once años de edad, fabricó una radio junto con su padre.

A Luis Álvarez le encantaban las actividades al aire libre y las aventuras. Una vez, su padre llevó a Luis y a su hermano Bob a escalar rocas. Durante esa aventura, Luis y Bob quedaron atrapados por un deslizamiento de hielo y rocas. Para evitar una caída peligrosa, Luis clavó un hacha en el hielo y se sujetó a ella hasta que pasó el deslizamiento. Tiempo después, leyó sobre lo que se debe hacer para mantenerse a salvo cuando hay deslizamientos de rocas, y se dio cuenta de que había estado al borde de la muerte. Se había agarrado del hacha de una manera poco segura. Esa experiencia le enseñó a Luis que ser audaz no es lo único que se necesita para vivir experiencias emocionantes y descubrir cosas nuevas. También es importante saber cómo evitar peligros y hacer las cosas con cuidado.

Los primeros años en la educación de un físico

En San Francisco, Luis asistió a la escuela primaria y luego al Colegio Politécnico de la ciudad. Éste era un colegio especial para estudiantes que demostraban muy buenas destrezas mecánicas. Allí, Luis también tomó clases para prepararse para la universidad. Luego, su padre aceptó un puesto de investigador en la Clínica Mayo, y toda la familia se mudó a Rochester, en Minnesota. En esos años, Luis se divirtió muchísimo. Hizo muchos amigos y amigas, pasaba el tiempo patinando sobre hielo, visitaba la casa de sus compañeros luego de la escuela y disfrutaba el baile de salón, que había aprendido en San Francisco. Sin embargo, las clases de ciencias de la escuela no eran suficientemente avanzadas para él. Como le interesaba tanto esa materia, su padre contrató a un tutor. Un tutor es un profesor particular. Luis avanzaba en los estudios despacio y con dificultad, pero se esforzaba mucho y todo lo que aprendió le ayudó a tener éxito más adelante.

Un verano, cuando aún estaba en la preparatoria, Luis trabajó en la Clínica Mayo. Esta experiencia le enseñó cómo se aplica lo que se aprende en las clases de ciencias. Luis aprendió a hacer experimentos y a crear aparatos con las herramientas del laboratorio.

En 1928, Luis Álvarez ingresó en la Universidad de Chicago para estudiar química. Luego, en un curso que tomó en el tercer año de la carrera, conoció la **óptica**, que es el estudio de la luz. Para estudiar óptica también hay que estudiar física, así que Álvarez decidió cambiar su carrera de químico por la de físico. Según él, el estudio de la luz fue "amor a primera vista".

Álvarez decidió continuar sus estudios de física y convertirse en un verdadero experto en ese campo. Tuvo la suerte de estudiar y trabajar con los mejores científicos de la universidad, como Arthur Compton, que había ganado el Premio Nobel. Compton le aconsejaba y lo alentaba para que trabajara por su cuenta.

Álvarez comenzó sus estudios universitarios en la Universidad de Chicago, una de las mejores universidades de Estados Unidos.

Una de las cosas más importantes que aprendió Álvarez durante sus años de estudio en la universidad es que no debía conformarse sólo con lo que aprendía en el salón de clases. Leer libros de la biblioteca nos permite aprender acerca de muchos temas por nuestra cuenta. Los bibliotecarios y los maestros pueden ayudarnos a encontrar buenos libros y, como Álvarez, podemos aprender más acerca de las cosas que nos fascinan.

Mirar el mundo desde el cielo

Luis Álvarez se describía como alguien **ingenioso** y seguro de sí mismo, así que no es ninguna sorpresa que uno de sus pasatiempos favoritos fuera la **aviación**. Después de sólo tres horas de instrucción, ¡ya sabía volar un avión sin la ayuda de nadie!

Álvarez disfrutó la aviación toda su vida. Una vez escribió: "En mi desarrollo como científico, los héroes siempre fueron importantes… En la aviación, mis dos héroes principales son Jimmy Doolittle y Chuck Yeager". Jimmy Doolittle fue piloto de bombarderos durante la Segunda Guerra Mundial y Chuck Yeager fue el primer piloto que logró volar más rápido que la velocidad del sonido.

Los héroes inspiraban a Álvarez tanto en el laboratorio de investigación como en el cielo. Álvarez jamás limitó sus posibilidades de aprender ni su admiración por las personas que podían enseñarle algo. Durante sus años de estudio en la Universidad de Chicago, tuvo muchas oportunidades de aprender. Cuando se interesó por la óptica y la luz, las estudió con mucho entusiasmo.

Jimmy Doolittle fue un piloto famoso durante la Segunda Guerra Mundial.

En 1932, Álvarez publicó su primer artículo en una revista científica. Cuando los científicos hacen algún descubrimiento o una investigación importante, suelen escribir artículos acerca de su trabajo y los publican en revistas especializadas. El artículo de Álvarez explicaba cómo había descubierto una manera de medir la luz. Usó instrumentos sencillos, como un disco roto, un foco y una regla para medir yardas, con el fin de descubrir cómo se podía hacer rebotar la luz blanca contra la superficie del disco y descomponerla en los "colores del arco iris". Éste fue uno de los muchos experimentos que lo llevaron a realizar importantes descubrimientos científicos.

Álvarez pasaba mucho tiempo en el laboratorio haciendo descubrimientos importantes.

Capítulo 2:
En busca de una carrera

En cuanto terminó sus estudios superiores en la Universidad de Chicago, Álvarez se casó con Geraldine Smithwick, que cursaba el último año en la misma universidad. Tuvieron dos hijos: Walter y Jean. A su hijo Walter también le gustaban las ciencias y llegó a convertirse en **geólogo**. Los geólogos estudian las rocas y la historia de la Tierra. Más adelante, Luis Álvarez y su hijo trabajaron juntos para entender por qué los dinosaurios se **extinguieron**.

Cuando todavía estaba en Chicago, Álvarez conoció a Ernest Lawrence, un físico que ganó el Premio Nobel por desarrollar una máquina que permite a los científicos estudiar las partículas pequeñísimas que forman los átomos. Todo lo que nos rodea, desde el aire que respiramos hasta los alimentos que comemos y las células de nuestro cuerpo, está formado por átomos.

La máquina de Lawrence permitió a los científicos aprender todavía más acerca de los átomos, los cuales forman todo lo que existe en nuestro planeta. Una de las hermanas de Álvarez, Gladys, había trabajado en el laboratorio de Lawrence y fue ella la que le presentó a su hermano. Lawrence quedó impresionado con los conocimientos, el gran talento y la ambición de Álvarez, así que le ofreció trabajo en su laboratorio: el Laboratorio de Radiación de Berkeley, en California. Álvarez aceptó y se mudó a California con Geraldine. Allí comenzó su carrera como investigador y profesor universitario.

Álvarez aprende de los demás

Después de que se mudó a Berkeley y comenzó a trabajar con Ernest Lawrence, Álvarez empezó a estudiar **física nuclear**. En esa época, leía mucho, trabajaba como investigador y participaba en reuniones semanales con el resto de los científicos del laboratorio. Este grupo de científicos eran una fuente de inspiración para su imaginación y lo motivaban en su trabajo. Conversaban con él sobre sus ideas y lo ayudaban a mejorarlas. Su apoyo era tan importante para Álvarez que luego quiso continuar con la costumbre: organizó reuniones en su casa para sus estudiantes.

Álvarez aprendió de los científicos de Berkeley, pero también de los científicos de todo el mundo. Siguió leyendo libros y artículos escritos por los mejores científicos de su campo. Quería usar las ideas y experiencias de otros para hacer descubrimientos todavía más importantes. Admiraba esos logros científicos, pero también quería llevarlos a niveles nuevos y fascinantes.

Al principio de su carrera, Álvarez trabajó con el Dr. Ernest Lawrence, retratado en esta fotografía de 1938.

Álvarez es un gran ejemplo de un científico exitoso. Leía y hacía experimentos sin parar, y lo más importante era que cuestionaba sus propias ideas, así como las de los demás. Nunca estaba satisfecho con sus propias ideas acerca de hechos científicos tanto nuevos como viejos. Al analizar las cosas con cuidado, podía verlas de distintas maneras. Gracias a sus muchas ideas, y a su pasión por las ciencias y los descubrimientos, sus **colegas** lo apodaron "el hombre de las ideas fabulosas".

Esta fotografía muestra a Álvarez en su laboratorio de la Universidad de California, en Berkeley, donde trabajó por más de veinte años.

Capítulo 3:
Científico y maestro

A lo largo de su vida, Álvarez realizó muchos descubrimientos e inventos importantes. Formó parte de lo que se llamó la era de la "Gran Ciencia", una época en la que los físicos lograron grandes **avances**. Estos descubrimientos les sirvieron tanto a los gobiernos como a las empresas. Algunos estaban relacionados con los átomos y las partículas que los forman, y llevaron a otros descubrimientos e inventos que cambiaron la manera en la que vemos el mundo y las ciencias.

Una de las contribuciones más importantes que hizo Álvarez a la ciencia fue la **cámara de burbujas**, que desarrolló en 1954. Al contrario de lo que te estarás imaginando, ¡la cámara de burbujas no tiene nada que ver con las burbujas de jabón! Se trata de una máquina que se usa para encontrar e identificar partículas subatómicas. Recuerda que las partículas subatómicas son las partes pequeñitas que forman los átomos.

Álvarez descubrió muchas otras cosas útiles. Algunos de sus

La era de la "Gran Ciencia"

Durante la Segunda Guerra Mundial, las ciencias entraron en una era que los historiadores llamaron "Gran Ciencia". En este período, el gobierno de Estados Unidos reconoció que la investigación científica podía producir tecnologías útiles tanto para el ejército como para la industria. Fomentó muchas ideas científicas con grandes cantidades de dinero y, de esta manera, aumentó la cantidad de instalaciones, estudiantes y profesores dedicados a la investigación científica. La era de la "Gran Ciencia" cambió la naturaleza de la investigación científica. Los científicos empezaron a solicitar laboratorios, presupuestos y máquinas enormes para poner a prueba sus teorías y hacer nuevos descubrimientos. Debido a los altos costos, sólo los organismos del gobierno podían financiar la "Gran Ciencia". Esto alejó la investigación científica de la influencia de las universidades y los patrocinadores privados que habían sido las principales fuentes de apoyo hasta entonces.

descubrimientos se utilizan en los binoculares, las cámaras y los televisores. ¡Álvarez incluso diseñó una máquina para que el presidente Eisenhower pudiera practicar golf sin moverse de su casa! Nada era demasiado grande ni demasiado pequeño para la imaginación de Álvarez. Quería ser el mejor en todo lo que hacía, incluso en sus pasatiempos.

Pero no todo era estudiar o pasar muchísimas horas en el laboratorio o la biblioteca. Todas las semanas, Álvarez organizaba debates informales en su casa, como había hecho su mentor Ernest Lawrence. Tanto los lazos de amistad que se creaban en estas reuniones como los desafiantes debates que se generaban en ellas estimulaban y aumentaban los conocimientos de Álvarez.

En esta fotografía, el joven Álvarez sostiene uno de sus inventos.

Álvarez ayudó a mejorar muchas cosas útiles, como los binoculares, las cámaras y la televisión.

En sus propias palabras

"A menudo, la gente me dice: 'No entiendo cómo puede usted trabajar en física, una ciencia tan complicada y difícil'. En realidad, la física es la más sencilla de todas las ciencias. Parece difícil porque los físicos hablan entre ellos en un lenguaje que la mayoría de las personas no entienden: el lenguaje de las matemáticas. Lo que hace a la física sencilla es que, cuando hacemos un simple cambio en algo, como agregar un poco de calor, podemos predecir con facilidad que la cosa entera va a aumentar de temperatura".

A Álvarez le gustaba esforzarse, incluso en sus pasatiempos. Para volar, que era uno de sus pasatiempos favoritos, se necesita fortaleza física y concentración mental. En su tiempo libre, a Álvarez le gustaba ver hermosos paisajes desde el cielo.

Pero Álvarez también ha hablado de momentos de tranquilidad, horas de reflexión y de hacerse preguntas. Ya de niño, su padre le había recomendado: "Cada cierto tiempo, quédate toda una noche sentado en una silla de lectura, cierra los ojos y trata de pensar en nuevos problemas para resolver". Álvarez siguió el consejo de su padre al pie de la letra y siempre se lo agradeció. Su mente creativa necesitaba estos momentos de tranquilidad tanto como los momentos que pasaba activamente investigando y concentrado en su trabajo.

Ésta es una bomba atómica parecida a la que se lanzó sobre Hiroshima, Japón, durante la Segunda Guerra Mundial. Álvarez jugó un papel clave en la invención de la bomba atómica.

Capítulo 4:
El lado oscuro del descubrimiento

En 1936, Álvarez trabajaba como investigador en el Laboratorio de Radiación Lawrence y también era profesor de la Universidad de California, en Berkeley. Sus primeros años en Berkeley fueron muy activos y productivos. Él y Ernest Lawrence formaban parte de uno de los mejores equipos de físicos del mundo.

En 1940, Álvarez se mudó de California a Cambridge, en Massachusetts, para trabajar en el Instituto Tecnológico de Massachusetts, MIT, una de las mejores escuelas en el área de las ciencias, ingeniería, matemáticas y tecnología. En la época en la que Álvarez comenzó a trabajar en el MIT, el gobierno, las universidades y la industria trabajaban en conjunto. En el MIT, Álvarez trabajó en inventos que ayudaron al ejército de Estados Unidos durante la Segunda Guerra Mundial.

Cuando Álvarez comenzó a trabajar en el MIT, Estados Unidos estaba a punto de entrar a la Segunda Guerra Mundial. En la mañana

El presidente Franklin D. Roosevelt firma la declaración de guerra contra Japón.

del 7 de diciembre de 1941, Japón atacó las bases militares estadounidenses de Pearl Harbor, Hawai. Más de 2,000 personas perdieron la vida. Al día siguiente, el presidente Franklin D. Roosevelt le declaró la guerra a Japón.

En el MIT, Álvarez comenzó a trabajar en un lugar llamado "Laboratorio de Radiación", donde se desarrollaban los radares y radios

Segunda Guerra Mundial 1939–1945

La Segunda Guerra Mundial comenzó en 1939, cuando el ejército alemán atacó Polonia. Cuando la guerra terminó, en 1945, países de casi todas partes del mundo habían participado en ella. Se llama "Segunda Guerra Mundial" porque ya se había librado una primera guerra mundial entre 1914 y 1918. En ella, también habían participado naciones de distintas partes del mundo.

En la década de 1930, los gobernantes de Alemania, Italia y Japón eran dictadores militares. Querían aumentar el tamaño y poder de sus naciones a costa de otros países. Muchos países, como Inglaterra, Francia, la Unión Soviética y Estados Unidos, se opusieron a ellos.

Estados Unidos entró a la guerra en 1941, después de que los japoneses atacaron Pearl Harbor, en Hawai. La guerra terminó poco después de que Estados Unidos lanzó dos bombas atómicas sobre Japón, en 1945. Estas bombas causaron la peor destrucción que jamás se había visto.

En la guerra, murieron entre 35 y 60 millones de personas. Alrededor de seis millones de ellos eran judíos. El dictador alemán Adolf Hitler y su partido Nazi trataron de destruir a todo el pueblo judío.

que usaba el ejército. El gobierno lo llamó "Laboratorio de Radiación" para que otros países no supieran su verdadero propósito. Allí, Álvarez trabajó en la creación de nuevos radares. Su equipo de trabajo creó tantas máquinas que los apodaron "los Aparatos de Luie". Entre otros inventos, Álvarez desarrolló un radar muy bueno que se usaba para encontrar objetivos en tierra. Aunque un piloto no pudiera ver el objetivo desde el aire, el radar lo ayudaba a acercarse mucho más a él.

Álvarez también creó otra manera importante de encontrar objetivos mediante la tecnología de microondas, la misma que usan los hornos de microondas. Este sistema les permitía a los pilotos ver otros aviones en el cielo en medio de nubes densas, niebla y mal tiempo. Otro de los radares de Álvarez les permitía ubicar los submarinos alemanes que salían a la superficie del mar. Pero el sistema no sólo los encontraba, sino que también "engañaba" al sistema de detección de los submarinos para que no supieran qué tan cerca estaba en realidad el avión. Al mismo tiempo, a medida que el avión se acercaba al submarino, el radar le enviaba una señal más fuerte al piloto para que pudiera dar en el blanco.

Álvarez trabaja con Enrico Fermi

Álvarez trabajó tres años en el MIT y, en 1943, regresó a la Universidad de Chicago. Allí trabajó con Enrico Fermi, un físico italiano que había llegado a Estados Unidos unos años antes. Fermi era el jefe de la sección de Chicago del llamado **Proyecto Manhattan**.

Antes de que comenzara la Segunda Guerra Mundial, los científicos

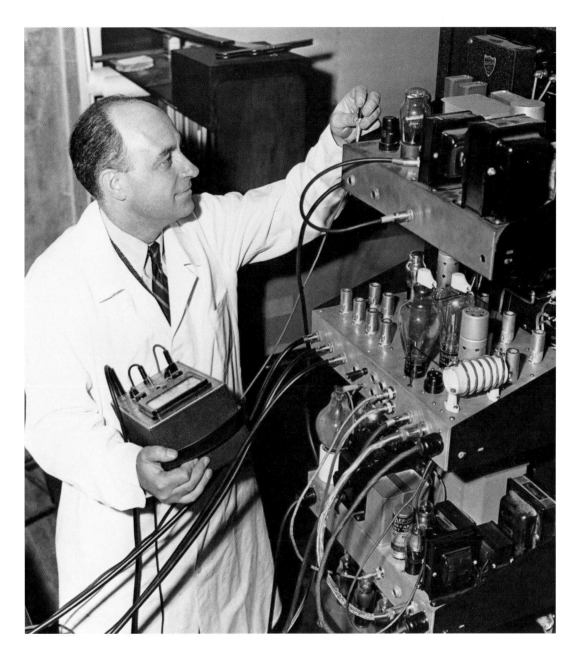

Esta fotografía muestra a Enrico Fermi, con quien Álvarez trabajó en la Universidad de Chicago.

El Proyecto Manhattan

Durante la Segunda Guerra Mundial, muchos científicos de Europa huyeron de la guerra y se fueron a Estados Unidos. En 1939, tres de esos científicos (entre ellos, Albert Einstein) le escribieron una carta al presidente Franklin D. Roosevelt para advertirle que científicos de la Alemania nazi estaban trabajando en la creación de armas nucleares.

La respuesta de Roosevelt fue establecer un comité para investigar la denuncia de los científicos. Para 1942, el gobierno de Estados Unidos había creado el Proyecto Manhattan. Su objetivo era fabricar un arma nuclear lo más rápido posible. El gobierno de Estados Unidos contrató científicos de todo el país para que produjeran una bomba atómica, que es un tipo de arma nuclear.

Muchos sitios diferentes de investigación de todo el país participaron en el Proyecto Manhattan, pero principalmente se llevó a cabo en tres lugares secretos: Hanford, en Washington; Los Álamos, en Nuevo México; y Oak Ridge, en Tennessee. La existencia de estos tres lugares se mantuvo en secreto hasta el final de la guerra.

Parte del Laboratorio de Los Álamos

alemanes descubrieron una de las técnicas necesarias para crear una bomba atómica. Ernest Lawrence estaba preocupado por la posibilidad de que Alemania creara una bomba atómica antes que Estados Unidos, por lo que le pidió al presidente Franklin Roosevelt que apoyara el Proyecto Manhattan. El programa incluía la investigación, las pruebas y la producción de la bomba atómica, y se llevó a cabo en distintas partes del país, desde el estado de Washington hasta Oak Ridge, en Tennessee.

Para ese entonces, Ernest Lawrence ya era un físico muy conocido y había ganado el Premio Nobel por su labor. Quería desarrollar la bomba atómica o, al menos, adelantarse a los descubrimientos de los científicos alemanes. Álvarez ya había trabajado con él y sabía mucho acerca de partículas subatómicas, así que el gobierno les pidió a Álvarez y a otros científicos importantes que desarrollaran la bomba atómica. Como Álvarez y Lawrence ya habían trabajado juntos, no es raro que Álvarez se convirtiera en un miembro importante del Proyecto Manhattan.

En la Universidad de Chicago, Fermi y Álvarez desarrollaron el primer **reactor nuclear**, un aparato que controla la liberación de energía nuclear. La energía nuclear puede usarse para producir calor o electricidad, pero también para activar un arma atómica. Un año después de ir a trabajar con Fermi a la Universidad de Chicago, Álvarez fue enviado a Los Álamos, en Nuevo México, para trabajar en el cuartel general del Proyecto Manhattan.

Esta fotografía muestra una vista aérea del Laboratorio Nacional de Los Álamos, el cuartel general del Proyecto Manhattan.

Capítulo 5:
Los años en el Laboratorio de Los Álamos

Los años de la guerra fueron unos de los más difíciles en la vida de Álvarez. Tenía que usar su gran capacidad para crear inventos y resolver problemas en la creación de un arma que mataría a muchas personas. Estos años también fueron duros porque Álvarez estaba lejos de su esposa e hijos durante largos períodos de tiempo. Tenía que quedarse en un departamento pequeño en el desierto de Nuevo México. Como tantas otras personas durante la Segunda Guerra Mundial, Álvarez y su esposa sintieron la tensión de la guerra. A menudo, Álvarez estaba lejos de casa, trabajando en un proyecto secreto.

En el Laboratorio de Los Álamos, bajo la dirección de Robert Oppenheimer, Álvarez y sus colegas trabajaban mucho para desarrollar la primera bomba atómica. La tarea de Álvarez era muy importante: debía construir un nuevo tipo de **detonador**, el aparato que activa la bomba. Su experiencia y sus conocimientos en muchos campos de las ciencias, desde la física hasta la electrónica, lo ayudaron a resolver este problema.

El Dr. Robert Oppenheimer (izquierda) observa el lugar en el que se probó la primera bomba atómica, en julio de 1945.

Para 1945, los científicos habían logrado fabricar con éxito tres bombas atómicas. Después de que se creó la bomba, el presidente Harry Truman quería que la guerra terminara lo antes posible, así que tomó la difícil decisión de lanzar dos bombas atómicas sobre Japón. Muchas personas murieron o resultaron heridas. La bomba causó mucha destrucción en la tierra y entre los habitantes del lugar en el que cayó.

La bomba atómica explota en Nagasaki, Japón, en 1945.

Álvarez vio la primera explosión en la prueba realizada en Nuevo México. Cuando se lanzó la bomba sobre Hiroshima, Japón, él piloteaba un avión que seguía al bombardero y fue testigo del poder de destrucción de la bomba. Álvarez y su equipo quedaron horrorizados al ver las ruinas debajo de ellos.

Aunque Álvarez había visto la prueba de la primera bomba en el desierto cerca de Los Álamos, sólo después de que se lanzaron las bombas sobre Japón se dio cuenta de que moriría casi toda la población de ambas ciudades. Tanto Hiroshima como Nagasaki quedaron destruidas, y murieron al menos 100,000 personas y muchas más a lo largo del tiempo. A ambas ciudades les tomó años reconstruirse y recuperarse de los efectos de la bomba.

A pesar de su gran tristeza por esas muertes, Álvarez defendió el uso de la bomba atómica. Creía que, si no se hubiera usado, la guerra habría durado más tiempo y esto habría hecho que más personas murieran. Además, sabía que las bombas no atómicas que se lanzaron sobre algunas ciudades japonesas antes de 1945 habían causado más muertes que las bombas de Hiroshima y Nagasaki.

Álvarez no tuvo que pelear en la guerra, pero ser miembro del Proyecto Manhattan no fue nada fácil. Ver la destrucción que causó la bomba en Japón y saber que era un miembro del equipo que la creó fue difícil para él.

En esta fotografía, un hombre observa la destrucción causada por la bomba en Hiroshima, Japón. Delante de él, donde había una casa, tan sólo queda una chimenea.

Desde el bombardeo, muchas personas se preguntan si el presidente Truman tomó la decisión correcta o no. Algunos creen que usar la bomba atómica fue una buena idea porque consideran que ayudó a que la guerra terminara antes. Otros creen que estuvo mal porque mató a muchas personas inocentes.

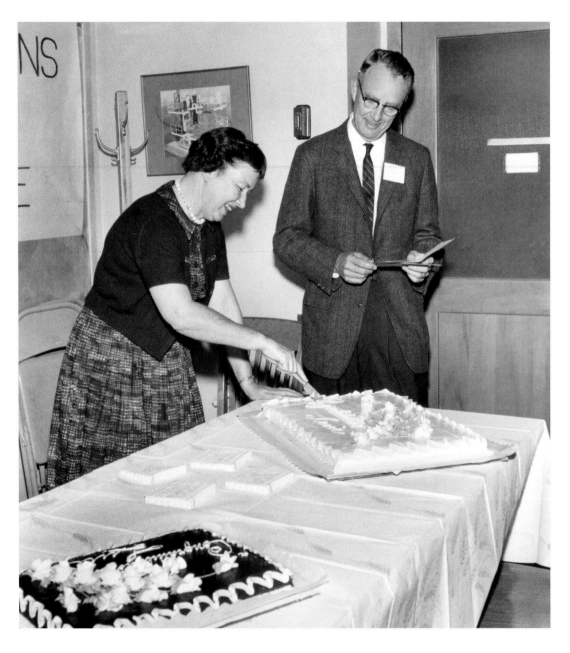

En 1941, cuando Álvarez cumplió 25 años trabajando en el Laboratorio Nacional de Berkeley, le dieron una fiesta sorpresa.

Capítulo 6:
De regreso a Berkeley

Cuando terminó la guerra, Álvarez regresó a la Universidad de California, en Berkeley, y empezó a trabajar como profesor de física. Continuó enseñando durante mucho tiempo, hasta que se retiró, en 1978.

De regreso a Berkeley, Álvarez siguió haciendo investigaciones. El ambiente universitario lo motivaba, ya que apoyaba su creatividad. En ese entonces, las partículas subatómicas aún eran un misterio, y Álvarez estaba decidido a seguir descubriendo más cosas acerca de ellas. Después de volver a enseñar y a trabajar en el laboratorio, comenzó a desarrollar aparatos para estudiar las partes que componen los átomos. Construyó máquinas nuevas que lo ayudaron a desarrollar la cámara de burbujas. Este invento fue tan importante que, tiempo después, Álvarez recibió el Premio Nobel por hacerlo.

Álvarez sabía que, para comprender mejor las partículas subatómicas, debía inventar máquinas nuevas. Así que trabajó muchísimo para mejorar las máquinas que ya usaban los científicos. Ernest Lawrence continuó guiando a Álvarez y a muchos de los que habían trabajado en el proyecto de Los Álamos. Estaba dispuesto a ayudarlos con sus conocimientos y experiencia para resolver los problemas difíciles en los que trabajaba cada uno de ellos.

El equipo de Lawrence

Después de la guerra, Álvarez volvió a enseñar en la universidad y a trabajar en el equipo de Lawrence. Sentía que Lawrence era un maestro y un científico maravilloso. Le gustaba trabajar con él porque Lawrence confiaba en todos los miembros de su equipo. Además, alentaba a cada uno para que fuera independiente. A Álvarez le gustaba ese ambiente, en el que podía trabajar con otros científicos a la vez que seguía trabajando en sus propios proyectos.

Álvarez decía que el laboratorio era un lugar ideal para aprender y descubrir cosas nuevas. El conocimiento científico aumentaba y los científicos crecían como personas. Exploraban ideas nuevas, aprendían unos de otros y nunca dejaban de hacer pruebas, ni siquiera cuando cometían errores ni cuando las cosas no salían como las habían planeado.

Álvarez fue un inventor muy exitoso y un gran científico, pero sus inventos y descubrimientos requerían mucho trabajo. Los grandes avances no surgen de la noche a la mañana. Se dan después de meses, incluso años, de esfuerzo. Pero el trabajo duro y la paciencia dan sus frutos, como podemos ver en la vida de Álvarez. Él realizó muchos

Álvarez y sus equipos de investigación

Cuando Álvarez trabajó en la cámara de burbujas y en otras
máquinas, lo ayudaron sus asistentes de investigación. Un asistente
de investigación es un estudiante que ayuda a un científico que
tiene más experiencia a hacer experimentos. Cuando Álvarez
recibió el Premio Nobel por la cámara de burbujas, les agradeció a
los científicos del Laboratorio Lawrence y de Berkeley que habían
trabajado con él durante muchos años.

Los logros de Álvarez demuestran la importancia del trabajo en
equipo. Algunos de los descubrimientos más importantes de las
ciencias se logran gracias a que muchas personas trabajan juntas
para resolver un problema.

*Paul Hernández, el Dr. Edwin McMillan, el Dr. Luis Álvarez y Don Gow se
encuentran parados junto a la cámara de burbujas.*

Álvarez se encuentra junto a una muestra de la cámara de burbujas que se construyó en Berkeley.

descubrimientos e inventos importantes, y el gobierno y las universidades apreciaron su trabajo.

Álvarez también trabajaba como **consultor**, o consejero, para distintas empresas. Muchas empresas querían que les enseñara acerca de los inventos en los que había trabajado y también acerca de cómo usarlos en la vida cotidiana. Trabajó como consultor durante más de diez años, al mismo tiempo que enseñaba en la universidad.

Álvarez también participó en un proyecto para diseñar satélites que debían girar alrededor de la Tierra. Formaba parte de un equipo de investigadores del MIT que trabajaron en este proyecto años antes de que la Unión Soviética lanzara el *Sputnik*, en la década de 1950. El *Sputnik* fue el primer satélite que se lanzó al espacio.

Todos estos trabajos interesantes mantenían ocupada la mente creativa de Álvarez y le daban mucha satisfacción. Cuando se enfrentaba a un problema que parecía no tener solución, Álvarez buscaba nuevas formas de tratar de resolverlo hasta que encontraba una respuesta.

Premios y honores

En 1947, después de terminar su trabajo con la cámara de burbujas y otros aparatos, Álvarez pasó a formar parte de la Academia Nacional de las Ciencias, una organización que sólo acepta como miembros a los mejores científicos. Ser miembro es un gran honor. Ese mismo año,

Álvarez le da la mano al presidente Harry Truman.

¡Álvarez también recibió un premio del presidente Truman en una ceremonia realizada en la Casa Blanca!

Álvarez recibió muchos premios y reconocimientos por sus inventos y descubrimientos. El más importante de todos fue el Premio Nobel, que ganó en 1968. En esa ocasión, uno de sus colegas dijo: "Casi todos los descubrimientos que se hicieron en el importante campo de la **física de partículas** fueron posibles mediante el uso de métodos desarrollados por el profesor Álvarez". ¡No cualquier persona recibe un cumplido así! Álvarez se sintió muy conmovido y honrado.

A pesar de que recibió muchos premios y honores, Álvarez era una persona humilde. Durante toda su vida, su objetivo principal fue seguir aprendiendo acerca de los muchos temas que le interesaban. También trató de aprender más de sus investigaciones, sus colegas y sus estudiantes. En todos los años de enseñanza y trabajo en el laboratorio, Álvarez jamás se olvidó de lo importante que es trabajar con otras personas para llegar a ser un gran científico.

Álvarez fue honrado por su trabajo como inventor cuando recibió el Premio Nobel, el mayor honor que puede recibir un científico. En esta fotografía, Álvarez habla en la ceremonia de entrega de los Premios Nobel, el 12 de octubre de 1968.

Capítulo 7:
Inventos y teorías

Después de la Segunda Guerra Mundial, muchos países, sobre todo Estados Unidos y Rusia, compitieron para ver quién podía construir la bomba más potente. En 1949, después de que Rusia hizo explotar su primera bomba nuclear, el gobierno de Estados Unidos se interesó cada vez más en desarrollar un tipo de bomba más poderosa: la "Súper Bomba".

Ernest Lawrence estaba de acuerdo en que se fabricaran bombas más poderosas. Álvarez, en cambio, no estaba convencido de desarrollar armas todavía más destructivas. Pero también creía que si Estados Unidos y Rusia tenían la misma cantidad y el mismo tipo de armas, se evitaría que comenzaran una guerra nuclear que podría destruir ambos países.

En la década de 1950, Álvarez hizo más investigaciones acerca de las partículas subatómicas. A medida que descubría partículas nuevas, quería seguir haciendo más descubrimientos acerca de las partes del átomo. Los científicos solían creer que los átomos eran las unidades más pequeñas que formaban todo lo que existe en el mundo. Hoy sabemos que los átomos están formados por unidades de materia todavía más pequeñas. Estas ideas no existirían si no fuera por el esfuerzo de personas como Luis Álvarez.

Álvarez quería desarrollar aparatos que les permitieran a los científicos estudiar mejor las partículas subatómicas. Así fue como logró desarrollar la cámara de burbujas en 1954. Como ya leíste, la cámara de burbujas era una máquina que se usaba para encontrar e identificar partículas subatómicas, las partes pequeñísimas que forman los átomos.

Un nuevo inicio

En pleno éxito de su trabajo como científico, Álvarez vivió momentos difíciles en su vida personal. Él y su esposa habían estado casados durante 21 años, pero Álvarez pasaba tanto tiempo fuera de casa que terminaron por dejar de sentirse unidos. Al final, decidieron divorciarse.

Sin embargo, Álvarez pronto encontró un nuevo amor. En 1958, se casó con Jan, una ayudante de laboratorio muy capacitada en ciencias. Ambos estaban enamorados de las ciencias y ésa fue una de las razones por las que se sentían tan unidos. Por el resto de su vida, Álvarez vio en Jan a una amiga y una fuente de inspiración científica. Aunque ella no siempre participaba de manera directa en las investigaciones de Álvarez, comprendía lo que él hacía y lo apoyaba. Fue tanto una colega como una esposa cariñosa. Con el tiempo, formaron su propia familia y tuvieron dos hijos: Helen y Donald.

Pero 1958 también fue un año triste para Álvarez porque murió su querido amigo Ernest Lawrence. Durante muchos años, Lawrence había sido una persona muy importante en su vida: le enseñó, trabajó con él y siempre lo motivó para que diera su mejor esfuerzo. Para Álvarez fue una pérdida muy dolorosa.

El Premio Nobel

En 1968, Álvarez recibió el Premio Nobel por su trabajo en física y, sobre todo, por la cámara de burbujas que desarrolló. Para él, fue todo un honor, ya que el Premio Nobel es el máximo honor que un científico puede esperar. ¡Pero no por eso dejó de trabajar! Durante los años siguientes, Álvarez continuó trabajando en Berkeley y, además, seguía siendo consultor para el gobierno y para varias empresas.

Gracias a su trabajo, Álvarez vivió muchas experiencias distintas. Una vez, ayudó al gobierno a estudiar las filmaciones que se tomaron en Dallas, Texas, cuando el presidente John F. Kennedy recibió el disparo que lo mató. En otra ocasión, viajó a Egipto para examinar una de las pirámides de Gizeh para investigar si tenía cámaras secretas (él y su equipo llegaron a la conclusión de que no había ninguna). También trabajó en óptica, su primer amor en la universidad, y desarrolló lentes que luego se utilizaron en binoculares y cámaras. Sus conocimientos como inventor eran tan asombrosos como sus descubrimientos en el campo de la física moderna.

El Premio Nobel

A principios del siglo XX, el inventor sueco Alfred Nobel decidió usar su fortuna para el bien de la humanidad. Nobel había inventado la dinamita y quería garantizar que los artistas, científicos e inventores importantes recibieran el apoyo necesario para alcanzar sus metas. Se aseguró de que, luego de su muerte, se entregaran premios a las personas que lograran hacer cosas importantes para mejorar el mundo.

Nobel creó premios para diversas categorías. Los grandes escritores reciben el Premio Nobel de Literatura, las personas que hacen esfuerzos por la paz mundial reciben el Premio Nobel de la Paz y los científicos que hacen descubrimientos importantes reciben el Premio Nobel de Física, de **Química** y de Medicina. Incluso algunos líderes mundiales, como el ex- presidente de Estados Unidos Jimmy Carter, han recibido el Premio Nobel.

Más de un siglo después, estos premios se siguen entregando cada año. Además del honor de recibir un Premio Nobel, los ganadores reciben una medalla de oro y una gran cantidad de dinero. Como Alfred Nobel era sueco, la ceremonia de entrega de los premios siempre se lleva a cabo en Estocolmo, la capital de Suecia. El Rey de Suecia es el encargado de entregar los premios en este impresionante evento.

En esta fotografía, Álvarez (derecha) recibe el Premio Nobel de Física de manos del rey Gustavo VI de Suecia.

En sus propias palabras

Cuando aceptó el Premio Nobel, Álvarez dijo:

"Me siento muy feliz de que varios de mis jóvenes colegas estén aquí esta noche para compartir conmigo este premio, que recibimos gracias a nuestro esfuerzo conjunto a través de los años. El Premio Nobel se entrega a una sola persona, y no a un grupo, pero todos sabemos que nuestra labor fue un verdadero trabajo de equipo".

En 1978, diez años después de haber ganado el Premio Nobel, Álvarez se retiró de su puesto de director en el Laboratorio Lawrence y dejó de enseñar en la Universidad de California, en Berkeley.

Padre e hijo

Después de retirarse de la enseñanza y la investigación, Álvarez empezó otra aventura. Esta vez lo hizo con su hijo, el Dr. Walter Álvarez, que ahora era geólogo. Juntos, buscaron las razones de la extinción de los dinosaurios. Sus ideas se basaban en pruebas de que, posiblemente, asteroides o meteoritos se estrellaron contra la Tierra hace millones de años. Álvarez y Walter creían que los meteoritos chocaron contra la tierra con tanta fuerza que cambiaron el clima y que esto causó la muerte de los dinosaurios.

Walter, el geólogo, y Luis, el físico, comenzaron a hablar sobre la Tierra. Walter sabía mucho de geología y de qué está hecha la Tierra. Álvarez era experto en física. Al combinar sus conocimientos, ambos lograron desarrollar una teoría nueva.

Su teoría se llamaba "teoría del impacto" y explicaba por qué los dinosaurios, que habían dominado el planeta por más de 100 millones de años, desaparecieron de repente. Álvarez y Walter analizaron muchas cosas relacionadas con los dinosaurios; por ejemplo, cómo vivían y qué aspecto tenía la Tierra en ese entonces.

Luis Álvarez y Walter, Álvarez, junto con unos colegas, se encuentran encima de un reactor nuclear, en 1985. Más tarde, Álvarez y su hijo buscaron pistas geológicas para demostrar que un asteroide gigante chocó contra la Tierra hace 91 millones de años.

Álvarez y su hijo trabajaron para saber más acerca de la vida y la muerte de los dinosaurios, y acerca de por qué su ambiente cambió de repente. Comenzaron estudiando rocas en Italia. Descubrieron una capa de roca que contenía niveles altos de un metal poco común. Esta capa se encontraba entre rocas que tenían aproximadamente 65 millones de años. En 1980, Álvarez y su hijo publicaron un artículo acerca de este descubrimiento. En él, decían que creían que el metal provenía de un asteroide que había chocado contra la Tierra hacía millones de años. De acuerdo con su teoría, esta explosión había causado el bloqueo de la luz solar y había provocado la extinción de los dinosaurios.

Álvarez y Walter sabían que, hace millones de años, debió haber ocurrido un impacto enorme. Otros científicos también creían que los impactos de los meteoritos podían dar una respuesta acerca de por qué hay cráteres gigantescos en la Tierra, como uno llamado Chicxulub, en México. Muchos piensan que el cráter se formó cuando un meteorito enorme chocó contra la Tierra y causó la muerte de los dinosaurios y de otras criaturas. Creen que, cuando el meteorito chocó, provocó una tormenta de fuego que cubrió gran parte del continente de América del Norte. Todas las formas de vida de esa zona fueron destruidas por el fuego.

Según Álvarez, el impacto causó oscuridad en todo el mundo. Los restos del impacto, combinados con el humo de los incendios, podrían haber cubierto la atmósfera terrestre como si fueran nubes densas. A través de esta cortina gruesa y sucia, no podía pasar ni un solo rayo de

En 1987, Álvarez y Walter trabajaron juntos en Italia en una expedición.

sol. Las plantas dejaron de crecer. Los animales herbívoros murieron de hambre y luego murieron también los animales carnívoros.

En la actualidad, muchos consideran que la teoría de Álvarez y Walter acerca de la extinción de los dinosaurios es una de las mejores. Además, concuerda con las ideas de otros científicos acerca del cráter de México. De esta manera, Álvarez pudo hacer una contribución importante a la geología, aunque nunca había estudiado anteriormente esa rama de las ciencias.

Álvarez siempre tuvo la mente abierta e hizo de su vida una experiencia de aprendizaje. Murió víctima del cáncer en 1988, pero nos dejó muchas teorías, inventos y descubrimientos importantes. Y nunca se olvidó de disfrutar de todo lo que hacía.

La vida de Luis Walter Álvarez es un ejemplo de cómo el trabajo duro permite lograr grandes cosas. En esta fotografía, Álvarez recibe llamadas de felicitación después del anuncio del Premio Nobel.

Glosario

arma nuclear tipo de arma que tiene un enorme poder destructivo; las armas nucleares sólo se usaron en una guerra, cuando Estados Unidos lanzó bombas atómicas sobre dos ciudades japonesas durante la Segunda Guerra Mundial

átomos componentes básicos de la materia; todos los objetos están formados por ellos

avance adelanto repentino en el saber o las ciencias

aviación uso de aviones y otras naves aéreas

bomba atómica bomba muy destructiva que es un tipo de arma nuclear

cámara de burbujas aparato que se usa para encontrar e identificar partículas subatómicas

colega persona que trabaja con otra en una profesión

consultor persona que da consejo a otras personas sobre su trabajo

detonador aparato que activa o hace explotar una bomba

diverso que proviene de muchas culturas diferentes

extinguirse dejar de existir (una planta o un animal)

física estudio de los objetos físicos y de la manera en la que la energía los mueve

física de partículas rama de la física que estudia las partes de la materia que son más pequeñas que el átomo

física nuclear ciencia que estudia las partículas que forman el núcleo del átomo

geólogo persona que estudia geología, que es la ciencia que estudia la historia de la Tierra y la vida en ella; sobre todo, lo que queda registrado en las rocas

ingenioso capaz de pensar en muchas maneras o medios de hacer algo

investigador persona que estudia y hace experimentos para aprender cosas nuevas acerca de un tema

óptica rama de la física que estudia la luz, las lentes y la visión

Premio Nobel premio que se entrega cada año por logros importantes en el campo de la física, la química, la medicina, la literatura, la paz y la economía

Proyecto Manhattan proyecto secreto del gobierno de Estados Unidos durante la Segunda Guerra Mundial para desarrollar la bomba atómica

química estudio de las sustancias químicas y de los cambios que se producen cuando se combinan unas con otras

reactor nuclear aparato que se usa para la liberación controlada de energía nuclear, que puede usarse para producir calor o electricidad

Cronología

13 de junio de 1911 Luis Walter Álvarez nace en San Francisco, California.

1928 Comienza sus estudios en la Universidad de Chicago.

1932 Recibe el título de licenciado en ciencias.

1934 Termina una maestría en ciencias.

1936 Recibe su doctorado; se casa con Geraldine, su primera esposa; acepta un puesto de investigador para trabajar con Ernest Lawrence en el Laboratorio de Radiación Lawrence; se convierte en profesor adjunto de la Universidad de California, en Berkeley.

1940 Comienza a trabajar en el Instituto Tecnológico de Massachusetts para desarrollar radares y otros sistemas para el ejército.

1944 Comienza a trabajar en Los Álamos, Nuevo México, en el Proyecto Manhattan.

1945 Vuela en el avión detrás del Enola Gay cuando éste deja caer la bomba sobre Hiroshima.

1945 Regresa a la Universidad de California, en Berkeley, donde le dan el puesto de profesor; sigue trabajando en el Laboratorio de Radiación Lawrence.

1954 Desarrolla la cámara de burbujas.

1958 Después de divorciarse de su primera esposa, se casa con Jan.

1968 Recibe el Premio Nobel.

1973 Visita Italia junto con su hijo Walter para investigar la extinción de los dinosaurios.

1978 Se retira de la actividad en la Universidad de California, en Berkeley, y del Laboratorio Lawrence.

1988 Muere de cáncer.

Información adicional

Lecturas sugeridas

(Estas lecturas están disponibles sólo en inglés).

Goldstein, Natalie. *How Do We Know the Nature of the Atom?*
    New York: The Rosen Publishing Group, 2001.

Nardo, Don. *Atoms*. Farmington Hills, MI: Gale Group, 2001.

St. John, Jetty. *Hispanic Scientists*. Bloomington,
    MN: Capstone Press, 1996.

Direcciones

Academia Nacional de las Ciencias
500 Fifth Street, N.W.
Washington, DC 20001

Museo Nacional de Historia y Ciencia Nuclear
1905 Mountain Road N.W.
Albuquerque, NM 87104

Índice